Falk Schettler

Das stärkste Bild zuerst

Filmgestaltung für TV-Journalisten

Adebor Verlag

ISBN 978-3-944269-00-9

© Adebor Verlag Banzkow
Titelfoto: © p!xel 66 – Fotolia.com
Titelgestaltung: Stephan Bliemel
Druck: Books on Demand GmbH, Norderstedt

www.adebor-verlag.de

Inhalt

Vorwort

Ich setze voraus, dass der Leser »die sieben W's« oder solche Begriffe wie »Halbtotale« und »Achssprung« kennt. Dies ist ein Buch für Einsteiger mit Vorbildung und ein Handbuch für die Praxis am Anfang der Berufslaufbahn. Es richtet sich an Volontäre, Quereinsteiger, Medienstudenten, angehende Videojournalisten und Mediengestalter in der Ausbildung.

Es soll außerdem zwischen Autoren, Cuttern und Kamerateams vermitteln – und das in aller Kürze.

Es gibt genügend Bücher, in denen auf mehreren hundert Seiten erklärt wird, wie man sich kurz fasst. Ich fasse mich kurz, sozusagen beispielgebend. Deshalb gibt es in diesem Buch auch keine Cutterinnen und Cutter oder Kamerafrauen und –männer, sondern immer nur die maskuline Form.

Fröhlich, kurz und kompetent enthält dieses Buch genau die Grundregeln für die Filmerei, die im täglichen Einsatz für Magazinbeiträge oder Imagefilme immer wieder so wichtig sind.

Es sind Erfahrungen und Grundsätze aus vielen Jahren und vielen Büchern, die nun in einem Buch auf das Wesentliche reduziert wurden.

Warum so viele Beiträge
so langweilig sind.

Weil sie von Leuten hergestellt werden, die uns zwar gerne was erzählen wollen, dabei aber nicht beachten, dass der Film eine eigene Sprache mit einer eigenen Grammatik hat. Film ist eben nicht eine Folge bewegter Bilder mit »hinterlegter« Musik und »erklärendem« Off-Text, sondern Film ist eine eigene Darstellungsform.

Wenn der Inhalt nicht in die Form passt, dann passiert: der »Spannungsabriss«. Und manchmal gibt's noch nicht mal einen Abriss, weil der Film von Anfang an keine Spannung aufbaut, weil der Film von Anfang an falsch erzählt. Der Grund ist fast immer der gleiche: Der Autor textet gegen das Bild. Und das geht immer schief. Immer.

Es ist schwer zu glauben, aber in Fernsehredaktionen und Marketingabteilungen wird heute von hoch bezahlten Leuten wieder der Lieblingsfehler früher journalistischer Filme gemacht: zuerst Text, dann Bild.

Oft geschieht es – bei Industriefilmen – ganz simpel: Die Geschäftsleitung beschließt, dass für die Kommunikation das Medium Film genutzt werden soll. Hierzu wird dann ein Text ausgearbeitet. Die passenden Bilder werden dann irgendwie dazu geschnitten. Die Macher ahnen nicht – und wollen es auch oft nicht wissen, dass die Wahrnehmung des Zuschauers genau anders herum funktioniert.

Dann ist der Film fertig.

Wurden Idee und Text vom Geschäftsführer beigesteuert, dann wird euphorisch applaudiert und der Film startet seine Karriere… und niemand fragt nach, warum der Film nach einem Jahr im Internet immer noch nicht öfter als 47 mal angeschaut worden ist.

Hinter vorgehaltener Hand heißt es dann immerhin: »Der Film ist aber schnarchig…«

Meist werden die Filme ganz einfach deshalb schnarchig, weil ein Text, der wie ein Lesetext geschrieben wurde, als Grundlage für einen Film dient.

Das funktioniert aber nie. So ein Film wird nie ein Film, denn ein Text »zum Lesen« muss anders beschaffen sein als ein Text »zum Hören« und wieder ganz anders als ein Text »zum Sehen«.

Zur Verdeutlichung ein Beispiel aus einer anderen Branche: Wie stellt man einen Tapeziertisch auf? Zuerst die Böcke, dann das Brett. Logisch und selbstverständlich. Und wenn man es noch so sehr wollte, andersherum geht es nicht.

Versuchen Sie mal, zuerst das Brett in ca. 80 cm Höhe über dem Boden waagerecht hinzulegen. Da kann der Auftraggeber noch so gerne und nachdrücklich darauf bestehen, dass das so gemacht wird, denn »wir sind auf diesen Text festgelegt…« Es funktioniert nicht!

Interessanterweise diskutiert über das Aufstellen des Tapeziertisches niemand.

Dieselben Leute reden aber beim Filmemachen gerne mit.

Wenn im Film ausführlich goldene Traktoren gezeigt werden und der Sprecher erzählt, dass der Mann der Frau vor vielen Jahren beim Kaffeetrinken mit dem Onkel die Idee hatte, den Traktor mal anders anzustreichen und sich deshalb einen Pinsel und Farbe gekauft hat, dann steigt der Zuschauer sehr schnell aus, spätestens, wenn der Text sich mit starken, emotionsgeladenen Worten vom Bild entfernt. Bei dem einen passiert dies schon beim Kaffee, bei dem anderen erst beim Pinsel. Das Bild erzählt nichts und der Text spricht von Dingen, die es nicht zu sehen gibt. Das war's.

Und wenn dann der erste O-Ton keine Emotionen transportiert, dann passiert das, was kein Filmemacher will: Der Zuschauer schaltet geistig ab und vermutlich zum nächsten Kanal.

Oft will der Autor eine ganze Menge Informationen unterbringen und denkt sich, er könnte auf einen »Bilderteppich« von »Schnibis« texten.

Kann er auch.

Nur außer ihm wird vermutlich niemand erfahren, was er gesagt hat. Weil der Zuschauer gar nicht in der Lage ist, das Gehörte mit dem Gesehenen in Verbindung zu bringen.

Je stärker die Bilder sind, desto weniger Text kommt beim Zuschauer an.

Grundregel: Das Bild ist stärker als das Wort.

Ein spannender Film ist ganz einfach!

Ein Film ist ein Film.

Ein Film gaukelt vor, die Realität abzubilden; es bewegt sich etwas, es gibt etwas zu hören – und der Autor hat über Bildkomposition und Montage die Möglichkeit, ganz genau zu steuern, was der Zuschauer sieht und wie er es einordnet. Bei kurzen Magazinfilmchen hilft ihm dabei der Off-Text, insbesondere durch die Anreicherung mit Daten und Fakten.

Kaum ein Medium bietet die Chance, den Rezipienten ohne viele Umwege und Ablenkung so gezielt zu manipulieren, eine Handlung, einen Ablauf so stark einer beabsichtigten Aussage zu unterwerfen.

Das setzt aber voraus, dass man dieses Handwerk beherrscht: Geschichten erzählen – und damit haben wir schon einen wichtigen Punkt am Wickel: die Geschichte!

Fast ebenso wichtig aber ist der Autor. Oder besser gesagt: Es ist wichtig, dass der Autor sich nicht so wichtig nimmt. Die Geschichte ist wichtig, die Protagonisten sind wichtig, die Entwicklung im Film ist wichtig … Nicht aber, was der Autor denkt und fühlt – zumindest nicht in diesem Film.

Das wird oft falsch gemacht, am liebsten bei Filmen mit einem »Presenter im On«. Diese Filme sterben schnell mit dem unsympathischen Besserwisser oder Ahnungslosen (je nach Autor, je nach Thema), der sich ständig ins Bild drängelt und Fragen stellt, die keiner braucht. Für journalistische Fast-Food-Aktionen möglicherweise ein Notbehelf. Mehr nicht. Nur sehr wenige Reporter »tragen diese Rolle weg«, bestehen also vor der Kamera.

Verstehen Sie mich nicht falsch! Die Reportage mit einem »Presenter im On« kann sehr unterhaltsam sein, kann spannend und aufregend sein, als Satire sogar ziemlich witzig!

Doch oft wird geglaubt, diese Art der Reportage würde die Recherche, also die thematische Auseinandersetzung und die dramaturgische Arbeit an der Geschichte überflüssig machen. Das ist falsch. Wer einen »Presenter im On« präsentiert und möchte, dass sein Zuschauer auch dran bleibt, der benötigt trotzdem alle anderen Bestandteile eines Films – wenn es spannend und unterhaltsam sein soll.

Welche Bestandteile das sind, dazu kommen wir gleich.

Und vergessen Sie bitte immer sofort alle Lobhudelei durch Familie, Freunde und befreundete Kollegen!

So nett das auch gemeint ist, diese Menschen sehen nicht nur den Film nicht als Film, sie sehen IMMER Sie hinter, in und vor dem Film. Sie hören meist sehr genau hin, d.h. diese Zielgruppe achtet mehr auf den Text als JEDER ANDERE Zuschauer. Diese Zielgruppe verzeiht Ihnen jeden kleinen Fehler. Diese Zielgruppe ist definitiv nicht in der Lage, sachlich zu urteilen.

Ein guter Film ist natürlich nicht ganz einfach. Talent und Intelligenz des Autors und eine gewisse Portion Selbstironie sind wichtige persönliche Voraussetzungen für das Gelingen. Und die Fähigkeit, die eigene Arbeit immer wieder kritisch zu hinterfragen: Kann mir der Zuschauer inhaltlich folgen?

Der Film muss nachvollziehbar sein. Dafür sind die »Motivation der Hauptperson« und ihre »Herausforderung« wichtige Mittel.

Jeder spannende Film lebt von der Herausforderung der Hauptperson. Dass sie selbst nicht diese Hauptperson sind, müssen viele Autoren anfangs erst lernen.

Wer bin ich
und was hat das mit dem Film zu tun?

Der Autor macht den Film. Der Autor steht im Insert und der Autor bekommt die geballte Kritik um die Ohren gehauen. Auch das grandiose Lob, vielleicht. Ob der Kameramann einen schlechten Tag hatte oder der Cutter gerade Liebesprobleme, ob schlechtes Briefing, mieses Wetter, falsche Planung – es interessiert am Ende nicht. Niemanden. Wer den Film abliefert, der ist schuld.

Der Autor hat ein Thema, das er in einen Film verwandeln möchte. Der Autor möchte etwas erzählen, er möchte die Menschen teilhaben lassen an seinen hohen Gedanken und den hehren Zielen. Nur, wie zeigt man das alles?

Am besten gar nicht. ALLES, was es zu erzählen gibt, soll durch die Handlung, die Protagonisten, die O-Töne erzählt werden. Dann wird ein Film nachvollziehbar und glaubwürdig.

Autoren glauben außerdem gern und oft, sie seien klüger als die Zuschauer und sie müssten deswegen den Zuschauern die Welt erklären. Sie fangen gerne ihre Filmtexte an mit: »Das hat vermutlich jeder schon mal erlebt?« Schön ist auch: »Wer dieses Schild sieht, denkt sofort an XY …« – Hallo? Ich jedenfalls nicht! Werbetexter schreiben gerne: »Produkt XY, klingt verlockend, oder?« – Ähm, nein?!

Fakt ist, dass es eine manchmal angebrachte Text-Technik ist, zuerst zu kommentieren und dann erst die Nachricht zu bringen. Im Spielfilm kann es zur Erzähltechnik gehören, aber im kurzen Beitrag oder im kurzen Abverkaufsfilm gehört das stärkste Bild, das Produkt, also das Wichtigste an den Anfang.

Das So-funktionierts-immer-Prinzip

So gut wie jede Geschichte lässt sich auf diese einfache Formel bringen: Eine Person hat ein Problem; dieses Problem muss von der Person in der zur Verfügung stehenden Zeit gelöst werden.

Am Anfang des Films wird das Problem geschildert. Dann wird die Herausforderung definiert, die gemeistert werden muss, um das Problem zu lösen.

Dann geht es los. Und es wäre eigentlich alles ganz einfach, wäre da nicht jemand, der dem Helden im Weg steht: der Antagonist.

Am Ende siegt der Held – oder er scheitert.

Daraus kann man zum Beispiel ein solches »Holzhammer«-Schema entwickeln:

Sequenz 1 – Vorstellung Problem/Hauptperson
Mögliche Bilder: Stehender LKW, Bernd, Tankanzeige, Hof/Parkplatz
Off-Text: Seit heute dreht sich hier kein Rad mehr. Bernd ist LKW-Fahrer in Moosbach, doch der Sprit ist alle und in Bernds Taschen kein Geld mehr. Seit Wochen hat Bernd diese Krise kommen sehen.
O-Ton Bernd: Das ist voll doof und ich weiß nicht mehr weiter, aber ich muss ja die Ware transportieren! So ein Mist.

Sequenz 2 – Lösungsansatz, Herausforderung, Nebenfigur
Bilder: Kutsche, Pferde, Bernd fährt zum Bauer Klaus, dort bekommen die Tiere Futter

Off-Text: Deshalb fährt er heute mit der Kutsche – doch die Pferde brauchen auch Treibstoff – Jeden Tag fährt Bernd jetzt zu seinem Freund Klaus, der hat einen Bauernhof und da bleibt immer etwas übrig für die Tiere.
O-Ton Klaus: Der Bernd, den kenn' ick jetze schon so lange ... da hab ick gedacht, da muss ick ihm helfen.
Bilder: Bernd fährt weg
Off-Text: Dabei könnte Bernd doch dringend finanzielle Hilfe gebrauchen, denn ewig kann Klaus auch nicht helfen.

Sequenz 3 – Antagonist
Bilder: Arbeitsamt außen
Off-Text: Eigentlich hatte Bernd beim Arbeitsamt auf Hilfe gehofft, doch Kalle, sein Sachbearbeiter, sieht keinen Handlungsbedarf.
O-Ton Kalle: Da kann ich ihm nicht helfen, hier sind ganz andere Fälle aktenkundig und überhaupt ist der hier einfach mal falsch.

Sequenz 4 – Lösung und Ausblick
Bilder: Bernd mit Pferdewagen Ware ausliefernd
Off-Text: Die Krise ist in Moosbach zwar angekommen. Bernd aber lässt sich nicht entmutigen. Er hofft, dass sich die Zahlungsmoral der Auftraggeber schon bald bessern wird. Solange wird er aber noch mit dem Pferdewagen ... usw.

Eine so und ähnlich gebaute Geschichte ist – wenn's mal schnell gehen muss – ausnahmsweise in Ordnung, leider aber nicht die Ausnahme, sondern täglich im Fernsehen zu sehen.

Sie haben sicher gemerkt, dies ist ein Schema mit einer gewollten Manipulation: Es stellt den Protagonisten als armen Teufel dar, für den es eine Lösung gäbe, wäre da nicht dieser böse Antagonist. Wenn Sie den Kalle vom Arbeitsamt jetzt noch via Bildsprache unsympatisch präsentieren (z.B. deutlich untersichtig gefilmt), dann wirkt der auf den Zuschauer aber so was von böse!

Vermutlich liegt es dann nur an Kalle, dass es dem Bernd so schlecht geht. Zumindest könnte man das in diesem Sinne zuspitzen, wenn man es wollte. Die Geschichte ist jedenfalls, obwohl sie scheinbar objektiv erzählt wird, aus der Sicht des Protagonisten erzählt. Der Zuschauer wird sich – ohne nachzudenken – wahrscheinlich auf Bernds Seite schlagen.

Im Gegensatz zu diesem Beispiel sollte ein journalistischer Film eher neutral sein, d.h., dass die erzählte Geschichte möglichst objektiv dargestellt werden sollte, also weitestgehend so, wie sie sich tatsächlich zuträgt oder zugetragen hat – ohne Manipulation der Zuschauermeinung.

Doch dafür benötigt man etwas mehr als ein Opfer und einen vermeintlichen Täter.

Womit wir nun einen wichtigen Punkt am Wickel haben: die Aussage. Was soll der Film sagen?

Wenn der Film sagen soll, dass der Bernd ein armes Würstchen ist und er Hilfe braucht, dann kann der Film ähnlich wie oben beschrieben, gebaut werden.

Soll der Film aber aussagen, dass Bernd trotz Hindernissen stark bleibt und mit einer ausgefallenen Idee der Krise trotzt, dann muss der Film völlig anders aufgebaut werden.

Dann wäre seine Herausforderung vermutlich, dass er mit dem Pferdewagen an einem Tag genauso viele Kunden abfahren kann, so als hätte er seinen LKW... Möglicherweise...

Wenn also die Menge an Lieferungen die Herausforderung wäre, dann wäre das Beliefern im ersten Bild zu zeigen, das Ausliefern und Fahren mit dem Pferdewagen würde die erste Sequenz bestimmen...

Um das herauszufinden, ist die Recherche da.

Wir müssen also eine Menge Dinge wissen, um einen tatsächlich spannenden oder wenigstens interessanten Film herstellen zu können.

Los geht's.

Anlass, Thema, Geschichte, Entwicklung

… diese Dinge müssen wir haben, um loslegen zu können.

Ich lese eine Meldung in der Zeitung, dass die Bauern der Region ihr jährliches Wettpflügen veranstalten.

Das klingt an sich ja ganz schön und sieht in der Vorstellung schon ganz witzig aus. Der Haken: Wie gestalte ich den Film, damit auch möglichst viele Menschen dran bleiben, die sich nicht für Landwirtschaft interessieren? Das Thema ist außerdem nicht »Landwirtschaft wissenschaftlich«, »wirtschaftlich« oder ähnlich, sondern eher »Landwirtschaft 'mal anders«. Also suche ich mir auch möglichst einen außergewöhnlichen Protagonisten, der sich an oder in der Geschichte entwickeln kann: die 18-jährige Lisa.

Eigentlich findet sie es einfach nur witzig, dort mitzufahren, doch für unseren Film müssen wir dramatisieren: Sie lehrt die Männer das Fürchten an der Furche! Wenn jetzt die Traktor fahrende Lisa auch noch fröhlich und sympathisch 'rüberkommt, dann funktioniert der Film.

Könnte man denken.

Doch zur spannenden Geschichte gehört noch etwas mehr: die Herausforderung im Bild! Hier: 23 Zentimeter – so tief muss der Pflug pflügen, gleichmäßig und gerade!

Und das muss der Autor wissen, BEVOR er dreht. Damit er dem Kameramann vorher sagen kann, worauf es ankommt: 23 Zentimeter tiefe, gleichmäßige und gerade Furchen! Nur, wenn der Kameramann das vorher weiß, wird er das auch drehen.

Der Film wird als Reportage gedreht. Wir begleiten die junge Frau, so nah es geht und lassen auch noch das fachmännische Publikum am Feldrand (Antagonist!) zu Wort kommen (»Nicht schlecht, was sie da macht!«).

Sicher könnte man auch einen echten Gegner, z.B. den Vorjahressieger, als Antagonisten etablieren, doch für diesen Gegenspieler müssten wir dann ein eigenes Kamerateam engagieren. Beide gleichzeitig mit einem Team zu drehen, das schafft man in der Regel während eines realen Wettkampfes nicht.

Man kann auch »die anderen« als kollektiven Antagonisten etablieren, doch vielleicht würde der Film dann etwas zu sportlich werden, zumindest bei diesem Beispiel. Denn hier haben wir es mit einer unterhaltsamen Veranstaltung zu tun und es würde wenig Sinn machen, daraus ein ernsthaftes Wettrennen zu gestalten. Es sei denn, es soll eine Satire werden.

Wir haben also:

Anlass: Das Wettpflügen
Thema: Landwirtschaft 'mal anders
Hauptperson: Lisa
Geschichte: Lisa will gewinnen
Herausforderung: 23 Zentimeter, schnurgerade Furche!
Antagonist: Zuschauer
Entwicklung: Von der Außenseiterin zur Siegerin?
Aussage: Eine junge Frau zeigt's den alten Bauern!

Und damit der Film für den Zuschauer nachvollziehbar und spannend wird, müssen wir uns mit einer Sache ganz besonders beschäftigen: mit der Herausforderung.

Die Herausforderung

Um das Thema besonders anschaulich zu gestalten, wähle ich hier einen der immer wieder gern genommenen und inzwischen sprichwörtlichen »Fußballvergleiche«:

Stellen Sie sich vor, eine Fußballübertragung würde daraus bestehen, die beiden Tore zu zeigen und zu warten bis der Ball reinfliegt. Denn schließlich geht es am Ende ja nur um die Tore. Was währenddessen auf dem Platz passiert, das wird uns ganz spannend vom Reporter berichtet. Reicht ja, wenn wir das hören.

Klingt komisch? Wird aber täglich hundertfach praktiziert. Nur geht es da nicht um Fußball, sondern beispielsweise um Politik oder Wirtschaft.

Wie viele Hochhausfassaden, wie viele Reichstagsflure, wie viele in einer Einkaufsstraße herumschlendernde Menschen muss der Zuschauer täglich bestaunen, während über Versicherungen, politische Winkelzüge und menschliche Lebenserwartung getextet wird.

Das passiert in aller Regel meist nur, weil die Autoren sich nicht über die Herausforderung in ihrem Film klar waren, oder – leider oft ein Grund – nicht genügend Produktionszeit hatten, oder – immer öfter ein Grund – einfach einen anspruchslosen Chef vom Dienst glücklich machen mussten.

Wäre die Herausforderung im Film wirklich so unwichtig, würde eine Fußballübertragung tatsächlich aussehen, wie oben beschrieben.

Statt dessen aber wird uns der gesamte Spielverlauf in Total bis Nah gezeigt. In einem spannenden Film bezieht sich die Handlung im Bild immer wieder direkt oder indirekt auf die Herausforderung des Protagonisten und die daraus resultierende Entwicklung.

Beim Fußball: Den Ball in der eigenen Mannschaft halten und bis vor's gegnerische Tor spielen, dann ein Tor schießen!

Die Kamera bleibt am Ball!

Die Beziehung der Hauptfigur zur Herausforderung ist der Stoff, aus dem Spannung, Erwartung, Enttäuschung usw. gemacht werden. Und das in einem 90-Minüter genauso wie in einem 90-Sekünder.

Kurz war ich geneigt, hier »typische Herausforderungen« niederzuschreiben. Doch das geht irgendwie nicht. Die Herausforderung bei Sportereignissen ist je nach Sportart klar und simpel. Auch ein Uhrmacher, der eine Uhr zusammensetzen soll, hat eine klare Herausforderung, nämlich das exakte Zusammenbauen einer komplizierten Mechanik.

Jede Herausforderung ist aber auch direkt abhängig vom Charakter der Hauptperson. Und wie wichtig die Herausforderung im Film ist, hängt wiederum vom Thema und von der Aussage der Geschichte ab.

Klar ist jedenfalls: Je mehr Herausforderung im Bild zu verfolgen ist, desto spannender ist eine Film-Geschichte erzählbar.

Wenn es nun aber gar kein besonders spannender Beitrag werden soll, sondern einfach nur ein Bericht über die Demonstration Jugendlicher für den Erhalt ihres Jugendclubs?

Dann bleibt immerhin ein Konflikt übrig.

Im klassischen Drama spricht man vom Konflikt, der bewältigt werden muss. Die Herausforderung ist dort schlicht ein wesentlicher Teil der Konfliktbewältigung: Der Konflikt stellt den Protagonisten vor eine Herausforderung.

Im Falle eines Tatsachenberichtes über eine Demonstration geht es im Konflikt also nicht darum, welche Herausforderung die Demonstranten haben (wie komme ich mit dem großen Transparent in meinem kleinen Auto zum Treffpunkt?) sondern darum, wogegen demonstriert wird. Hier ist der Jugendclubbetreiber der Antagonist und der Konflikt ist lediglich als Thema und über O-Töne darstellbar, es sei denn, der Jugendclub ist schon mit Brettern vernagelt. Dann hätten wir wenigstens ein starkes Bild für den Anfang des Films.

Dazu später mehr, zunächst müssen wir definieren, um wen es eigentlich geht.

Der / die / das Hauptperson

Die Hauptperson kann auch keine Person sein. Die Hauptperson ist der/die/das, was in unserem Film leidet, sich entwickelt, sich freut, einfach nur da ist, groß oder klein wird und am Ende triumphiert oder unterliegt oder gegessen wird. Die Hauptperson kann ein Mensch sein, wie auch eine Veranstaltung, eine Sache – irgendetwas, was sich zeigen und erzählen, also personalisieren und damit emotionalisieren lässt.

Wenn die Hauptperson eine Großveranstaltung ist, dann haben Autor und Kamerateam Schwerstarbeit vor sich, denn nun muss die Veranstaltung mit allen Höhen und Tiefen eingefangen werden. Sie entwickelt sich, wir erleben Künstler und tobendes Publikum ... Der Film war gut, wenn der Zuschauer sagt: »Warum war ich nur nicht dabei, verdammt!«

Wollen wir einen Film über Topinambur machen, dann ist diese Knolle die Hauptperson. Der Film beginnt vielleicht mit einer Straßenumfrage: Was ist Topinambur? Und dann begleiten wir die Knolle vom Feld bis auf den Teller.

Ist eine Person die Hauptperson, dann geht es meist um etwas ganz Einfaches: Sie will etwas oder sie will etwas nicht. Dafür ist wichtig zu wissen, ob sie das überhaupt kann und warum – und wer ihr dabei hilft oder nicht.

Egal, was eine Hauptperson ist, sie sollte weitestgehend personifiziert werden. Geben Sie Ihr einen Charakter! Erklären Sie Ihrem Zuschauer, warum der Protagonist das tut, was er tut: die Motivation der Hauptperson. Diese Motivation muss Ihr Zuschauer verstehen, sonst wird es für ihn nicht spannend.

Bei nicht alltäglichen Dingen, wie Topinambur, kann man eben auch einen Konflikt zwischen Hauptperson und Zuschauer etablieren (Topi…was?). Der Bericht über eine Veranstaltung kann einfach nur stimmungsvoll sein, aber eine Person sollte schon irgend etwas wollen. Manchmal aber will irgendjemand genau das Gegenteil. Der Antagonist.

Protagonist – Antagonist

Filme sind immer dann besonders spannend und wirken emotional, wenn wir einen Menschen begleiten, mit ihm leiden oder uns mit ihm freuen. Deshalb hat sich die Personalisierung von Themen durchgesetzt. Fast immer, wenn es um wirtschaftliche Themen, um Gesetzesänderungen u.Ä. geht, sehen wir in den Journalen einen Betroffenen, einen Profitierenden oder ein beispielhaftes Opfer. Das ist die Hauptperson: der Protagonist.

An ihm wird das Thema etabliert. Die Geschichte führt uns dann automatisch zum Gegenspieler, der die Sache natürlich völlig anders sieht. Das ist der Antagonist. Der kann böse sein, muss aber nicht!

Ein simples Portrait eines Künstlers wirkt erst dann besonders glaubwürdig, wenn ein Antagonist im O-Ton sagt, dass der Künstler ganz dolle Sachen macht. Klar macht der dolle Sachen, sonst würde das Fernsehen ja nicht darüber berichten. Aber trotzdem!

Spieler und Gegenspieler erzeugen immer Spannung, im besten Falle auch starke Emotionen. So kann es passieren, dass ein wunderschönes Portrait über einen grandiosen Musiker erst dann den Zuschauer zu Tränen rührt, wenn andere Menschen im O-Ton sehr berührt sagen, warum sie den Musiker auch grandios finden. Ohne die Antagonisten wäre es vielleicht nur ein schöner Film.

Auch Imagevideos der Industrie werden erst glaubwürdig, wenn es eine Gegenseite gibt, die zu Worte kommt. Solange nur der Geschäftsführer sich im O-Ton preist, bleibt es ein meist viel zu langer Werbefilm.

Leider sehen das die Auftraggeber oft nicht ein. Nach dem Motto: Ich bezahle, ich bestimme. Das Problem hat der Filmemacher. Er ist am Ende schuld.

Doch: An einen guten Kuchen gehört auch eine Prise Salz.

Der O-Ton und der Off-Text

Gerne werden seltsame Sätze aus Pressemitteilungen zitiert, die niemand hören will: »Der Minister zeigte sich sehr erfreut über die stetige Zunahme der Bedeutungen und Möglichkeiten, mit denen eine Anpassung der Relativierung erst möglich wird.«

Also, wenn ein Minister sich schon freut, dann bitte schön als O-Ton in meine Kamera! Denn dafür ist der O-Ton da: Personalisierung, Emotion.

Sie merken schnell, wenn Sie einen Profi-O-Ton bekommen, denn der enthält in aller Regel: »Ich denke«, »Ich meine«, »Ich glaube«, »Wir alle wissen« usw. Das will der Zuschauer aber auch sehen (hören). Ob die Fabrik 30 oder 300 Mitarbeiter hat, das ist Sache des Off-Textes.

Der O-Ton hält zwar den filmischen Fluss manchmal auf, doch durch die Positionierung einer Person bleibt die Geschichte inhaltlich und emotional spannend.

Der O-Ton dient unter anderem dazu, den Protagonisten dem Zuschauer persönlich vorzustellen; hier hat die Hauptperson die Chance, sich als Sympathieträger zu profilieren.

Auch in Nachrichtenfilmen sollten alle Informationen aus dem Off kommen, der Polizeisprecher kann uns aber gerne im O-Ton sagen, welchen Eindruck das Geschehen auf ihn gemacht hat.

Das Schildern der Ereignisse gelingt vielen offiziellen Sprechern nicht wirklich gut, sie klingen oft hölzern, was auch damit zu tun hat, dass der Pressemensch sehr genau darauf achten muss, was er sagt.

Er sagt: »Zur Brandursache kann ich momentan keine Angaben machen.«

Der Reporter hat aber längst die Kripo am Unglücksort herumlaufen sehen und fragt: »Aber die Kriminalpolizei ermittelt bereits. Warum ermittelt die Kripo?«

Pressesprecher: »Zur Brandursache kann ich derzeit keine Angaben machen. Die Kriminalpolizei hat die Ermittlungen aufgenommen.«

Er wird aus juristischen Gründen nicht vor laufender Kamera sagen: »Wir haben einen konkreten Verdacht auf Brandstiftung.« Nein.

Das aber kann der Reporter im Off-Text! Dazu muss er allerdings vor Ort ein bisschen recherchieren. Wenn Kamera und Mikrofon ausgeschaltet sind, dann bekommt man meist ohne großen Überredungsaufwand die eine oder andere Information, die über das Offizielle hinaus geht.

Im Schnitt kann man sich dann den O-Ton des Pressesprechers klemmen und textet statt dessen im Off, während man die Brandursachenermittler im Bild sieht: »Die Polizei vermutet Brandstiftung. Die Kripo hat die Ermittlungen aufgenommen.«

Ich erinnere mich auch an einen Staatsanwalt, der nach einem Überfall von kurzhaarigen, Springerstiefel tragenden und Hitlergruß zeigenden Jugendlichen auf ein Haus von »Aussteigern« partout keinen Zusammenhang zwischen der offensichtlichen Gesinnung der Jugendlichen und ihrer Tat sehen wollte: »Die mutmaßlichen Täter sind nicht dem rechten Spektrum zuzuordnen. Es gibt keine Hinweise auf einen rechtsextremen Tathintergrund.«

Wir, als Fernsehteam, hatten allerdings Hinweise finden können. Immerhin hatten uns verschiedene Anwohner berichtet, was sie gesehen haben. Und ein Überfall politisch motivierter Gewalttäter ist in aller Regel sehr schnell zu erkennen. Ich habe das auch dem Staatsanwalt gesagt: »Sie machen sich lächerlich. Was Sie mir in die Kamera gesagt haben, wird durch Zeugenaussagen im Film ad absurdum geführt!« Es half nichts, der Staatsanwalt wollte bei seiner Formulierung bleiben.

Das machte ihn nicht sehr glaubwürdig – zumindest im Film.

Was ich damit sagen will: *Sie* machen den Film!

Ein O-Ton dient *nicht* der Wahrheitsfindung und *Sie* bestimmen, wer was im O-Ton sagen darf und wer nicht.

Jeder, den Sie vors Mikrofon bekommen haben, dem haben Sie die Chance gegeben, seine Sicht auf die Dinge zu schildern. Sie müssen entscheiden und sollten – meiner Ansicht nach – ausschließlich das Material verwenden, das den Film unter Berücksichtigung journalistischer Prinzipien am besten voranbringt.

Wenn Sie also den Staatsanwalt blöd dastehen lassen wollen, dann bauen Sie einen Beitrag, der sich an der Realität orientiert und senden den offensichtlich realitätsfernen O-Ton.

Sie müssen sich allerdings auch darüber im Klaren sein, dass dann möglicherweise am nächsten Tag das Telefon beim Redaktionsleiter klingelt und der Staatsanwalt darum bittet, dass der Sender »beim nächsten Mal einen anderen schickt«.

Der Off-Text ordnet die Bilder ein und gibt der Geschichte die notwendigen Informationen. Denn die Geschichte selbst sehen wir ja bereits im Bild – sollten wir zumindest.

»Sonnige Strände und malerische Landschaften« sind erstens sinnfreie Formulierungen, beschreiben aber vor allem etwas, das wir sowieso sehen (sollten)! Habe ich einen sonnigen Strand im Bild, dann kann ich beispielsweise sagen: »Mallorca, 30 Grad im Mai« – so bringt der Text einen Nutzen.

Wichtig: Das Bild ist immer stärker als das Wort.

Deshalb wird »hinter dem Bild« getextet: Zuerst wird das Bild gezeigt, dann erst sagt der Sprecher, was, wo oder warum etwas zu sehen ist.

In aller Regel benötigt der Zuschauer ca. eine Sekunde, um ein Bild zu erfassen und noch etwas mehr, um sich einen Überblick zu verschaffen. Diese Zeit sollten Sie ihm immer geben, es sei denn, Sie wollen dem Überblick gleich eine Richtung geben.

Zeigen Sie als erstes Bild eine historische Dampflok, eine BR01, dann genügt es nicht zu sagen, dass es eine »Baureihe 01« ist. Bevor der Zuschauer auf die Idee kommt, dass es sich hier um eine historische Aufnahme handeln könnte, kann man bereits den Ort des Geschehens oder den Anlass nennen.

Schon wird es für den Zuschauer doppelt interessant: »Was?! Eine 01, morgen in meiner Stadt! Ich bin dabei!«

Der Off-Text soll in möglichst kurzen Sätzen geschrieben sein. Hauptsätze möglichst, gerne auch Wortgruppen. Präpositionen, Artikel dürfen gerne weggelassen werden, manchmal nur durch ein Komma ersetzt; es darf viel mit Semikolon und vor allem: Mit Doppelpunkt geschrieben werden.

Wichtig ist, dass sich der Text nie weit vom Bild entfernen darf. Der im Film gezeigte Vorgang muss im weitesten Sinne immer mit dem Text zu tun haben. Und: Sie sollen nicht sagen, was man sieht. Statt dessen sollen Sie sagen, warum der Zuschauer das sieht, was Sie ihm im Film zeigen.

Die Textfunktion kann man sich vorstellen wie die Naht einer Nähmaschine: Der Oberfaden ist der Inhalt des Bildes, der Unterfaden ist der Inhalt des Textes, der Stoff ist die Aussage des Films – in regelmäßigen Abständen treffen alle drei immer wieder zusammen, entfernen sich kurz, treffen wieder zusammen … und so, wie alle drei zusammenhalten und bald ein Kleidungsstück ergeben, so ergeben Text, Bild und Aussage erst im Zusammenspiel und erst zeitlich nacheinander eine Geschichte.

Außerdem müssen Sie eine Haltung einnehmen: die Textperson. Sprechen Sie, so wie ich jetzt, den Rezipienten direkt an? Oder ist man sachlich unpersönlich? Vielleicht schildert aber ein Kommentator den Weg, den die Hauptperson geht, in der dritten Person. Manchmal verbünden wir uns auch mit dem Rezipienten und erleben die Geschichte gemeinsam; es gibt auch Filme, in denen ich ganz speziell und persönlich aus meiner Sicht berichten sollte …

In einem Buch wie diesem, kann man, kann ich, können wir hin- und herspringen, je nach Bedarf. In einem Film von kurzer Dauer sollte die Textperson von Anfang bis Ende gehalten werden, um den Zuschauer nicht unnötig zu verwirren.

Gut – einen Hinweis noch: Vermeiden Sie Fremdwörter; wenn das nicht geht, dann vermeiden Sie auf jeden Fall Fremdwörter, die nicht geläufig sind. Es sei denn, Ihr Film soll ein Industriefilm werden, der ausschließlich zur Verwendung unter Fachleuten gedacht ist.

Die Recherche oder: Wo rufe ich an?

Nicht nur der Nachrichtenfilm oder der wissenschaftlich anspruchsvolle Beitrag will gut recherchiert sein. Auch ein Firmenportrait wird erst spannend, wenn ich in die inhaltlichen Tiefen des Unternehmens oder des Produktes eingestiegen bin. Immer geht es um eine Hauptperson (die auch eine Sache oder ein Vorgang sein kann) und darum, eine Herausforderung zu finden, damit es spannend werden kann.

Fast jeder Anlass, einen Film zu machen, bietet auch einen Protagonisten. Um den zu finden, muss man aber manchmal hartnäckig recherchieren.

Hat man den Protagonisten, dann hat man meist auch die Geschichte, die Herausforderung und den Antagonisten.

Hilfreich ist, wirklich alles Wichtige zur Geschichte bis ins Detail vor dem Dreh zu wissen. 23 Zentimeter! Diese Herausforderung macht den Film! Da kommt man sich manchmal auch blöd vor, wenn man wirklich alles haarklein erfragt. Doch dem Film hilft es auf die Sprünge. Es geht ja darum, den Zuschauer auf eine kleine Reise mitzunehmen – mit dem Bild.

Wenn ich von einer Sache keinen Schimmer habe, dann muss ich bei der Recherche immer besonders genau nachfragen, wie »das denn AUSSIEHT«(!), was sich wie bewegt, ob da was knallt – und wenn das nicht reicht, dann hilft oft ein Vorbesichtigungstermin.

Mahlt die historische Mühle wirklich echtes Korn?

Sie müssen bei der Recherche immer daran denken, dass Ihr Zuschauer (vermutlich) erst recht keinen Schimmer hat! Dem aber müssen Sie, der Sie auch keinen Schimmer haben, zeigen und erklären, worum es geht und wieso.

Recherche muss man in der Praxis üben, am besten mit erfahrenen Rechercheuren zusammen. Und einige Dinge muss man einfach wissen: Als Lokaljournalist sollte man die Durchwahl der Feuerwache im Kopf haben, als Musikjournalist sollte man die Vorgehensweise kennen, an einen Künstler zu gelangen, also an jeden, egal ob Lokalband oder Popstar; als Journalist auf Landesebene sollte man wissen, in welchen Fällen das Lagezentrum des Innenministeriums zuständig ist ... usw.

Zur Recherche gehört, dass man keine Scham haben darf, alle Menschen dieser Welt anzurufen, zu befragen, um im Thema voranzukommen. Es gibt keine Grenzen, solange die mögliche Auskunftsperson lebt und eine Telefonnummer oder eine Adresse hat, die sich legal recherchieren lässt.

Fragen Sie lieber einmal zu viel. Führt eine Recherche in die Leere, dann tut es doppelt weh, wenn Ihr Büronachbar hinterher sagt: »Hättest du mich mal gefragt! Ich hab die Handynummer des Bundespräsidenten!«

Wenn aus der Geschichte eine NiF wird ...

Die NiF kommt aus der Vergangenheit, als Nachrichten hauptsächlich von einem Vorleser vorgelesen worden sind. Um die Nachricht, die als Filmchen produziert worden ist, von der vorgelesenen zu unterscheiden, erfand man den Begriff »NiF«: Nachricht im Film. Für die normalen Nachrichten war eine NiF schon eine ziemlich aufgeblasene Nachricht, denn immerhin reichte hier das Vorlesen nicht aus. Statt dessen musste ein Team 'raus fahren und die Nachricht drehen. Sie musste geschnitten und gemischt und dann in die Sendung live eingespielt werden ... – das alles für 30 Sekunden Nachrichten.

Manchmal entsteht sie aber auch aus einem kaputtgegangenen Dreiminüter. Das passiert gern, wenn das Team losgefahren ist, ohne dass jemand vorher recherchiert hat, oder eben nur halb. Ich hab es auch erlebt, dass das Team losfährt und der Autor noch keine Ahnung hatte, was vor Ort passiert, geschweige denn, wie man dort hinkommt!

Gibt es keinen Protagonisten, keine Geschichte, keine Herausforderung, dann tragen nur wenige Ereignisse länger als 30 bis 60 Sekunden. Klar, uns wird fast täglich bewiesen, dass man aus Nichts auch einen langen Beitrag machen kann, aber wir wollen uns nicht mit schlechten Beispielen aufhalten.

Manchmal fällt auch eine Recherche in sich zusammen: »Tot recherchiert« heißt das und passiert gern, wenn es einfach keinen Protagonisten gibt, wenn die Geschichte keine

Bilder bringt, wenn die Herausforderung nicht filmbar ist oder der Sachverhalt so kompliziert ist, dass man ihn nicht auf drei Minuten kürzen kann.

Wenn die Redaktion trotzdem das Ereignis oder den Anlass haben will, dann wird's manchmal eben eine NiF. Acht Bilder und ein paar Hauptsätze gehen immer. Auch wenn eine Pressekonferenz meist schon in 5 Bildern ausreichend erzählt ist… Meist kann man mit »Themenbildern« anreichern, wenn ein funktionierendes Archiv zur Verfügung steht oder wenn man noch schnell frische Bilder drehen kann. Dann wird's – wenn schon nicht spannend – wenigstens abwechslungsreich.

Wenn also die Landespressekonferenz (LPK) wieder vom Aufschwung in der Baubranche schwärmt, dann fängt der Film mit echten Bildern von echten Bauarbeitern an. Der Text startet mit der Headline (»Bauboom in Niedersachsen. 20 Prozent mehr Aufträge als im Vorjahr …). Erst später können dann ein paar Bilder von der LPK kommen, wenn man den zuständigen Sprecher unbedingt noch mal zeigen will und die LPK thematisieren muss. Ansonsten kommt die NiF in aller Regel auch ohne LPK-Bilder aus.

Jedenfalls: Auch eine NiF sollte eine Geschichte erzählen; jedoch ist es eben eine kleine Geschichte, lediglich ein Vorgang, ein Augenaufschlag, ein Moment des Tages.

In 30 Sekunden ein ganzes Leben

Bei einem kurzen Werbefilm kommt es darauf an, möglichst viel in möglichst wenig Zeit zu zeigen, zu sagen, möglichst treffsicher ins Herz der Zielgruppe zu emotionalisieren, Metaphern zu finden, zuzuspitzen und zu penetrieren.

Ein guter Werbefilm schafft das oft allein mit Bild, Atmo und Musik. Der Off-Text, wenn überhaupt, darf hier sogar nur aus Schlagworten bestehen.

Wenn ich schreibe »möglichst viel in möglichst wenig Zeit«, dann meine ich nicht, dass es darum ginge, 10 verschiedene Informationen in einen Film zu packen. Ich meine, dass für diese 10 Informationen möglichst ein Nenner gefunden wird, eine Metapher, eine Beschreibung, eine emotionale Übersetzung…

Die Filmästhetik hängt direkt vom Produkt und von der Marke ab. Eine gut gelaunte und bunte Marke darf auch im Film etwas mehr plaudern als ein technisches, auf das Machomännliche konzentriertes Produkt. Das Plaudern bezieht sich aber eben nicht auf den Text allein, es entsteht erst im Zusammenspiel von Bild, Atmo, Musik und Text.

Auch hier steht am Beginn die Recherche, kommt es für Bild und Text darauf an, das Produkt, die Marke und das Ziel des Films detailliert herauszuarbeiten und eine Film-Geschichte zu finden, die kurz, prägnant, spannend oder nachvollziehbar – vor allem aber: erinnerbar(!) erzählt werden kann. Eine Werbung funktioniert vor allem dann, wenn sie vom Rezipienten erinnert wird und/oder wenn sie unterbewusst Emotionen erzeugt.

Ich habe mich hin und wieder gewundert, warum ich vor längerer Zeit so zielgerichtet bei Kopfschmerzen ein ganz bestimmtes Schmerzmittel bevorzugt habe ... – bis ich vor kurzem rund ein dutzend Woody-Allen-Filme noch einmal und direkt nacheinander gesehen habe: In auffällig vielen dieser Filme spielte dieses Mittel eine Nebenrolle.

Es muss außerdem klar definiert sein, wo und wie der Film eingesetzt werden soll. Ein Kinospot hat eine völlig andere Ästhetik als ein Internetspot, der auch noch eine sofortige Handlung auslösen soll (call to action): z.B. das Besuchen der Produkt-Landing-Page.

Die vielen unterschiedlichen Verwendungsmöglichkeiten im Internet und auf den neuen Kommunikationsgeräten werden die Werbefachleute zur Entwicklung immer neuer Filmarten beflügeln. Hier hat der klassische Spot keine Chance mehr.

Ein Kinospot spielt vor sitzendem Publikum, das sowieso nach vorne schaut, die Leinwand ist riesig, hier kann man aufwändig gestaltete Totalen zeigen.

Ein Film für das Internet muss den zufällig vorbei surfenden User sofort angraben; und man muss damit rechnen, dass der Film auf dem Mobiltelefon gesehen wird. Also hier: Nahaufnahmen oder Postkartenmotive.

Ein Film für das Fernsehen soll (über den Ton) dafür sorgen, dass Mutti aus der Küche kommt, um zu sehen, was da gerade läuft.

Hinzu kommt: Ein Werbefilm darf in Deutschland nicht besonders intellektuell sein (im Fernsehen zumindest), ein Kinospot schon ein bisschen mehr. Allen Werbe-Kurzfilmchen ist aber eines grundsätzlich gleich: Zuspitzen und penetrieren.

Drehplanung

Womit wir wieder bei der Recherche sind.

Für einen Dreh im Hafengelände benötigt das Team möglicherweise Schutzhelme und Warnwesten.

Beim Dreh im Moor sind Gummistiefel mitunter vorteilhaft und wer im Herbst mit dem Flugzeug stundenlang bei offener Tür fliegt, der sollte sich sehr warm anziehen und vorher möglichst wenig trinken, oder – bei empfindlicher Blase – gar nicht erst einsteigen.

Immer sollte vorher besprochen sein, wer vor Ort das Team in Empfang nimmt und wer das Team begleitet. Die Mobiltelefonnummer des Ansprechpartners vor Ort gehört ganz oben auf das Notizblatt der obligatorischen Klemmmappe. Auch die Zufahrt für das Teamfahrzeug möglichst dicht an den Ort des Geschehens und die Parkmöglichkeit dort müssen in der Regel im Vorfeld besprochen und organisiert sein.

Auf Bahnhöfen und in Supermärkten benötigt man eine Drehgenehmigung der Betreiber; soll ein Motorradkonvoi während der Fahrt gedreht werden, braucht man entweder ein Cabrio und einen lebensmüden Kameraoperator – oder ein spezielles Fahrzeug, möglicherweise auch eine Straßensperrung.

Journalistische Filme dürfen Menschen zeigen, die zufällig durchs Bild laufen. Beim Dreh von Werbefilmen darf niemand erkennbar durchs Bild laufen, es sei denn, er hat vorher unterschrieben, dass er einverstanden ist.

Kinder dürfen generell nur mit Genehmigung der Eltern gedreht werden, auch für journalistische Filme…

Alle möglichen Fälle hier aufzulisten, ist unmöglich, klar aber sollte sein: Auch das Organisatorische gehört dringend zur Recherche.

Kein Kameramann schleppt seine Kamera gerne viele hundert Meter weit. Und kein Assistent freut sich, wenn er im Auto etwas vergessen hat und ewig braucht, um es zu holen.

Und das nur, weil der Realisator dieses eine Organisationsdetail übersehen hat.

Noch mal zur Klemmmappe: Für einen kurzen Beitrag sollten alle wesentlichen Rechercheinfos maximal auf ein A4-Blatt passen (oft reicht auch eine A6-Karteikarte). Oben notiere ich die Ansprechpartner für die Organisation und die handelnden Personen, darunter linksbündig spezielle Infos und mögliche Fragen an die Gesprächspartner; rechtsbündig dann alle Infos, die vor Ort gesammelt werden, wie Zahlen, Daten, Namen usw.

Grobe Fehler aber werden meist in der Zeitplanung gemacht. Glauben Sie mir folgende Faustregel: Pro Sendeminute benötigen Sie 3 Stunden in der Produktion.

1 Stunde Dreh
1 Stunde Schnitt
1 Stunde Text + Endfertigung

Natürlich geht das hin und wieder auch schneller, erst recht, wenn man selbst dreht, schneidet und mischt.

Wer jedoch die genannte Produktionszeit einplant, der kommt in aller Regel nicht in Zeitnot. Recherche ist übrigens nicht mitgerechnet; die kommt noch obendrauf!

Was immer schief geht
(also manchmal).

Ist der Ansprechpartner vor Ort ein Profi-Pressemensch, geht in der Regel gar nichts schief, aber das weiß man meist erst hinterher.

Der Protagonist, der im Recherchegespräch nicht aufhören wollte zu plaudern und von dem alle sagen, der sei echt lässig und so, entpuppt sich vor der Kamera als wortkarg und schüchtern. Immer.

Auch umgekehrt: Der kleinlaute, schüchterne Protagonist wächst vor der Kamera zum Selbstdarsteller. Fast immer.

Die Bereiche Anfahrt und Stellplatz werden gerne ignoriert oder vergessen. Dann steht man plötzlich an der Absperrung und wird von einem Sicherheitsmann aufgehalten. Presseschild, Presseausweis, sonstiger Ausweis… egal. »Ich hab da meine Anweisungen …« Da hilft nur, sich die Buchstaben der regionalen ARD-Anstalt aufs Auto zu malen. Wirklich, wenn auf dem Auto »NDR« steht, kommen Sie in Hamburg mit der Kamera in jede Bank, und zwar bis zum Tresor …

Was ich meine: Manchmal hilft eben nur Frechheit und Flunkern. »Wir sind vom Fernsehen, wir dürfen das!« – mit dem Spruch, schelmisch lächelnd, kommen wir mit Kamera und Angel in jede Küche. Fast. Für ein gutes Bild muss man manchmal dreist sein.

Autor: Augen auf! Denn wenn es hektisch zugeht, springt der Kameramann manchmal über die Handlungsachse, hier muss der Realisator aufpassen und mitdenken.

Frustrierend ist es auch, mit großem Besteck anzurücken, alles inklusive Licht aufzubauen und dann das: Die historische Mühle mahlt gar nicht wirklich, sondern sie tut nur so!

Sieht doof aus und wird niemals ein Film. Hätte man aber mit einer Vorbesichtigung oder einer peniblen Telefonrecherche herausfinden können.

Bei NiF-Terminen: Das erste Bild passiert vor Ort meist zuletzt (Baum pflanzen, Band durchschneiden, Spatenstich). Vorher gibt's viel zu lange Reden. Die Zeit kann man nutzen, um in aller Ruhe stehendes, guckendes und applaudierendes Publikum zu drehen. Diese Schnitte braucht man meist.

Und immer beachten: Beim Dreh Radio aus, sonst wird's eng im Schnitt, da sich der Ton möglicherweise nicht schneiden lässt!

Kamera ab!

Also: Radio aus! Mobiltelefone aus oder lautlos!

Die Crew hinter die Kamera oder aus dem Bild! Auch aus dem möglichen Bild, könnte ja sein, dass der Kameramann schwenken will?!

Was soll eigentlich das Auto dort, das mit laufendem Motor und gaffenden Jungs im Bild steht?

Bei einem Außendreh mit wechselnder Bewölkung sollte man sich für die Wolke oder für die Sonne entscheiden. Beim Dreh des O-Tons fallen die entscheidenden Worte fast immer dann, während die Sonne hinter der Wolke hervorkommt (auch gern umgekehrt) und der Kameraoperator die Blende nachziehen muss und das sieht hinterher doof aus.

Auch darauf muss der Autor achten! Nur er kann wissen, ob der O-Ton mit der verkorksten Blende wichtig ist, also neu gedreht werden muss.

Kinder sind heute nicht mehr schwierig zu drehen, da quasi alle Kinder vor laufenden Kameras groß werden.

Schwierig wird es oft bei Kindergruppen, weil hier der Klassenclown wie üblich rumalbert und der Klassenstärkste sich wie immer vordrängelt. Hier hilft nur, alle Kinder zu begeistern und mitzunehmen: »Wir machen jetzt mal alle zusammen …«. Und oft ist irgendein Schlauberger dabei, der trotzdem irgendwie in die Kamera winkt. Hier hilft meist die freundliche Drohung: »Kinder, die winken und in die Kamera grinsen, werden ’rausgeschnitten!« – funktioniert fast immer, vielleicht, weil das Wort »’rausgeschnitten« für Kinder schmerzhaft klingt!

Beim Dreh bleibt der Autor an der Kamera und schaut genau, was der Kameramann dreht. Bei richtigen Kameras kann der Autor sogar den Timecode außen ablesen und bereits nebenbei notieren, wann etwas besonders Attraktives passiert ist; das verkürzt das spätere Sichten.

Und solange der Kameramann dreht, halten alle den Mund. Das hintere Rotlicht ist in der Regel eingeschaltet, so dass man sehr einfach feststellen kann, ob gerade gedreht wird. Außerdem halten Assistent und Autor dem Kameramann den Rücken frei und passen auf, dass der nicht stolpert. Ein beherzter Griff in den Gürtel hat schon einige Prellungen verhindert und etliche Kameras gerettet.

Der Dreh ist beendet, wenn alles im Kasten ist und nicht erst, wenn die Bänder/Karten voll sind. 20 Minuten Material für einen Dreiminüter ist keine Hexerei!

Sondern gute Planung.

Gut geplant, ist halb gedreht.

Eine gute Recherche sollte für einen ziemlich genauen Plan sorgen. Der Autor sollte alle Unwägbarkeiten kennen, seine Filmgeschichte von A-Z durchgeplant haben, er sollte eine Idee haben, wie das erste Bild aussieht und möglichst auch, wie das letzte Bild aussehen soll.

Wenn er dem Kamerateam auch noch sagen kann, wie er sich die einzelnen Sequenzen bildlich vorstellt, dann kann er neue Freunde gewinnen.

Vor allem muss er die Herausforderung bestimmt haben und die »Entwicklung im Film« bereits wissen. Nur so kann der Kameramann gebrieft werden, um zielgenau zu drehen. Viele Kameramänner bieten darüber hinaus noch Bilder an.

Es gab aber Zeiten, da gab es ein vorgeschriebenes »Drehverhältnis« von 1:3 – das bedeutete: Für eine geplante Minute Beitrag durften nur drei Minuten Rohmaterial verdreht werden. (Ein Versuch, das nachzuahmen, bringt viel Spaß und noch mehr Erfahrung!)

Heute steht uns zwar oft viel Speicherplatz zur Verfügung, doch das Material muss immer noch eingespielt und gesichtet werden. Um hier Zeit zu sparen, macht es Sinn, gut vorbereitet zu drehen.

Natürlich passieren beim Dreh vor Ort auch unvorhergesehene Dinge. Manchmal bieten sich besonders gute Bilder, die man im Traum nicht erhofft hatte oder Protagonist und Geschichte haben sich völlig unerwartet entwickelt und man muss alles über den Haufen werfen und sich spontan etwas Neues einfallen lassen.

Der Vorteil der digitalen Speichersysteme liegt dann tatsächlich darin, dass man viel mehr drehen kann als geplant und damit auch die Möglichkeit hat, länger auf das richtige Bild zu warten oder einen Schwenk in vielen Varianten zu drehen.

Die Schnittsysteme ermöglichen es jedenfalls, trotz vieler Minuten Rohmaterial sehr schnell durchs Material zu shutteln und in relativ kurzer Zeit die benötigten Bilder zu finden.

Nein, wir wollen kein Interview

Einerseits überschätzen sich Protagonisten gerne selbst, andererseits überschätzt auch der Autor gerne sein Thema. Hinzu kommt, dass einige Funkjournalisten im investigativen Interview irgendeine asexuelle Befriedigung zu suchen scheinen.

Merke: Wenn ein Minister vor die Presse tritt, dann hat der einen Plan, was er sagen wird. Und wenn er alles gesagt hat, dann sagt er weiter nichts! Da kann ich noch so schlau fragen.

Schlauer ist es, vorher zu wissen, was uns der Minister zu sagen hat. In aller Regel ist das berechenbar; meist kann man die Antwort des Ministers sogar vorher mit dem Pressesprecher oder dem persönlichen Referenten besprechen. Die Zeiten, in denen man einem Minister ein Geheimnis entlocken kann, sind einfach vorbei. Vermutlich hat es sie nie gegeben, außer in über-engagierten Filmen über engagierte Journalisten.

Sparen Sie sich die Zeit und Nerven (auch die Ihrer Kollegen), auf Pressekonferenzen zu versuchen, der Wahrheit auf den Grund zu gehen. Dafür sind diese Veranstaltungen, zumindest in der Politik, wirklich nicht da!

Das sind Präsentationsveranstaltungen des Veranstalters, der sich präsentieren möchte. Fertig!

Drehen Sie Ihren O-Ton NACH der PK! Dann kann der Minister möglicherweise auf die eine oder andere Frage aus der PK reagieren, ohne sich lächerlich zu machen.

Wenn Sie gegen den Minister etwas in der Hand haben, sagen Sie es ihm! Ein Berufspolitiker lebt täglich den Kampf mit seinen politischen Widersachern. Wenn

Sie dem Politiker erst im fertigen Film vorwerfen, was Sie längst vor dem Dreh wussten, kann man Ihnen das durchaus übel nehmen. Am Ende sollte es ja nicht darum gehen, einen Akteur stolpern zu lassen, sondern darum, dem Zuschauer eine möglichst vollständige, verständliche und objektive Geschichte zu erzählen.

Zurück zu »normalen« Protagonisten oder Antagonisten.

Sie sollen uns nicht die Welt erklären, sondern ihre Motivationen für das, was im Film stattfindet.

Das Thema »Wie ich auf die Idee kam« kann spannend sein. Ist es aber meistens nicht. »Ja, wir sitzen immer einmal in der Woche zusammen und eines Tages sagte der Gerd …« – Schnarch. Dieses Interview gehört in die Recherche! Aus »Wie ich auf die Idee kam« kann eine wesentliche Idee für den Film entstehen! Und ich muss doch vorher wissen, was die Leute zu sagen haben! Und da ich mit diesem Wissen einen Plan schmiede, weiß ich beim Dreh so ziemlich genau, was mir Protagonisten und Antagonisten im O-Ton sagen werden. Und genau diese O-Töne möchte ich drehen.

Mehr nicht!

Kein Interview!

Die Kunst besteht vor allem darin, einen möglichst emotionalen O-Ton zu bekommen, einen O-Ton, der sichtbar von Herzen kommt und der den Film weiterträgt. Wichtig ist, dass der Autor die richtige Frage stellt und genau zuhört, inhaltlich und technisch: Haspler, verschluckte Wörter oder eine Schlagbohrmaschine nebenan machen den schönsten O-Ton schnell unbrauchbar.

Am Dreh denkt man gerne: »Halb so wild, das kommt eben natürlich rüber«. NEIN! Trugschluss! In einem perfekt gebastelten Film wirkt ein nuschelnder Geschäftsführer schnell lächerlich.

Deshalb: Halt! Und noch mal! Einfach neu ansetzen!

Die O-Ton-Profis unter den Akteuren sind Ihnen dafür dankbar!

Das Interview

Die Form des Interviews kann man gerne wählen, z.B. wenn man viel Sendezeit hat, eine Dokumentation macht und das Interview gleichzeitig als Information für den Autoren dienen soll, wenn Menschen in ihrer Geschichte wühlen, wenn man möchte, dass man sieht, wie sich der Protagonist vor der Kamera windet, wie er nachdenkt, wie ihm etwas einfällt. Also wenn die zu erwartenden Aktionen und Reaktionen als filmisches Mittel eingesetzt werden sollen.

Außerdem ist die Form des Interviews für manche Themen einfach sinnvoller als ein gebauter Beitrag. Wenn der Landwirtschaftsminister aktuell zum neuesten Fall einer Tierseuche Stellung nehmen soll, dann kann ein O-Ton in einem gebauten Beitrag durchaus unangemessen kurz sein.

Interviews sind kompliziert. Weil man vor- und mitdenken muss! Möglicherweise muss man sogar mitfühlen! Es gibt eine Menge Interviewtechniken, doch die simpelste und wichtigste ist: Stellen Sie niemals Fragen, die mit »Ja« oder »Nein« abschließend beantwortet sind. Das ist nicht nur zu wenig, sondern sagt einiges über den Interviewer, der quasi die Antwort bereits in der Frage formuliert hat.

Überhaupt merkt man, dass am Interview etwas nicht stimmt, wenn der Interviewer länger spricht als der Interviewte. Auf mich wirkt das immer ziemlich neunmalklug – und schlecht vorbereitet. Bin ich gut vorbereitet, dann stelle ich meinem Gesprächspartner kurze und klare Fragen, deren Antworten die von mir gewünschte Richtung einschlagen.

In aller Regel sind immer die Fragen am sinnvollsten, die nach einem »Warum« oder »Wieso« fragen. Oft ist es aber idiotisch, die Frage tatsächlich so zu stellen. Fragt der Journalist einen Romanautor, »warum er dieses Thema gewählt hat«, dann kann der durchaus antworten: »Weil die anderen Themen vom Verlag abgelehnt worden sind.« Das wollte der Journalist aber bestimmt nicht wissen.

Um bei diesem Beispiel zu bleiben: Wenn ich hier also nach dem »Warum« fragen will, muss ich im Vorfeld durch Recherche herausfinden, ob das Thema möglicherweise ein Lieblingsthema des Autors ist, welche Herausforderung seine Hauptperson im Buch meistern muss, ob irgendetwas im Buch vielleicht biografische Parallelen ergibt usw. Erst dann kann ich eine sehr spezielle Frage stellen, die dann eine möglichst einfache, aber sehr persönliche »Warum«-Antwort ergibt.

Für perfekte Interview-O-Töne malen Sie sich am besten bei Ihrer Planung genau aus, wie die Antworten des Akteurs lauten sollten.

Hierbei geht es im Übrigen nicht um Manipulation, sondern darum, den Kern der Motivation herauszuarbeiten.

Haben Sie richtig recherchiert und schon ein bisschen Erfahrung, dann finden Sie auch recht schnell genau die Fragen, die zwangsläufig zu den Antworten führen, die einen Film voranbringen, die den Zuschauer also interessieren.

Und keine Angst vor einfachen Fragen!

Einmal sagte ein Theaterregisseur zu mir: »Was für eine blöde Frage!«

»Darauf kommt es nicht an«, antwortete ich, »denn ich sende schließlich Ihre Antwort!«

Allerdings kann man Interviews nur durch Übung lernen. Ich war am Anfang meiner Radiolaufbahn ein schlimmer Interviewer. Ich hatte immer Verständnis mit meinen Gesprächspartnern und ich wollte ihnen nie zu nahe treten. Hatten sie mir eine Antwort gegeben, dann bin ich lammzahm davon ausgegangen, sie hätten mir bestimmt alles erzählt. Erst als mir jemand sagte, dass meine Interviews ziemlich langweilig seien, weil ich den Leuten nichts Besonderes entlocke, fing ich an, an mir zu arbeiten.

Zur Übung oder als gute Beispiele sollten Sie aber auf keinen Fall die üblichen Talkshows oder die täglichen Journale schauen! Die in Talkshows präsenten Gäste sind in aller Regel sehr gut vorbereitet worden. Sie wissen bereits aus dem Vorgespräch, welche Fragen gestellt und welche Antworten sie geben werden. Hier arbeitet der Interviewer lediglich als Stichwortgeber.

Und Live- oder Quasi-Live-Interviews (meist als Schalten) zu aktuellen Themen sind ein eigenes Genre. Das liegt daran, dass die Interviewten in der Regel Politiker sind und Politiker antworten auf JEDE Frage irgendwie. Oft beantworten sie nicht einmal die Frage, aber der Interviewer geht – manchmal aus politischen, manchmal aus Zeitgründen – trotzdem zur nächsten Frage über.

Für Politiker, und das ist für die eigene Interviewvorbereitung wichtig, ist jede falsch gestellte Frage so ähnlich, wie ein falsch gespielter Trumpf beim Skat. Jede mit sinnfreier Schwafelei beantwortete Frage ist ein: »Den nehme ich mit!«

Und manchmal habe ich am Ende einer solchen Schalte das Gefühl, dass sobald das Rotlicht ausgeht, der Politiker zu seinem Referenten sagt: »Ha! Schneider. Schwarz!«

Wenn Sie ungewöhnliche O-Töne haben wollen, dann müssen Sie auch ungewöhnlich fragen. Sie können dem Popstar auch sagen, dass Sie seine neue Platte irgendwie doof finden.

Als ich Nina Hagen traf, spielte sie zu Beginn des Interviews die Rolle der Nina Hagen, wie wir sie eben so kennen. Das wollte ich nicht. Ich wollte nicht ein weiterer Multiplikator dieser schrillen (und für mich und meine Hörer nutzlosen) Kunstfigur sein.

Also habe ich versucht, sie »zu kriegen«.

Ich hatte sie dann, als ich ihr sagte, dass ich ihr neues Album nicht mochte und ich mich fragte, wo da die echte Nina Hagen zu hören sei. Ich hörte sie jedenfalls nicht!

Kurze Pause.

»Das finde ich auch!«, war ihre überraschende Antwort. Und von da an wurde das Interview spannend und Nina Hagen (für mich und meine Hörer) zu einer interessanten Künstlerin, die viel zu sagen hatte.

Wer ist hier der Chef?

Es gibt sie hin und wieder: die engagierten Kamerateams! Meist handelt es sich um Teams von freien Produktionsfirmen, die ums Überleben kämpfen. Feste Teams von öffentlich-rechtlichen Stationen und deren Tochterfirmen sind dagegen gern etwas zurückhaltender.

Der freie Kameramann dreht stehend im Cabrio bei 80 km/h und hat möglicherweise noch eine kleine Fingerkamera mitgebracht, die man irgendwo ankleben kann.

Das feste Team kommt genau so, wie bestellt und dreht genau so, wie es im Arbeitsvertrag steht. Da steht nicht drin, dass der Kameramann stehend im Cabrio drehen soll, also macht er es auch nicht.

Das sind Dinge, die sogar nachvollziehbar sind und es lohnt nicht, dagegen anzugehen. Extrem-Engagement steht eben nicht im Vertrag – und ist vor allem nicht versichert!

Wer also außergewöhnliche Aufnahmen drehen will, der sollte im Vorfeld wissen, welche Technik und welche Spezialisten er dafür benötigt und dies dann mit der Produktionsleitung besprechen.

Was aber, wenn der Cutter schlampig schneidet und schon im ersten Bild des Filmes, in dem es um die Gesangs-Neuentdeckung des Senders geht, Bild und Playback asynchron zusammenhaut und sagt: »Das sieht doch eh keiner!«?

Dann muss der Autor darauf bestehen, dass sauber geschnitten wird; zur Not muss man den Schnitt abbrechen und mit einem anderen Cutter neu planen.

Ist der Film nämlich asynchron und dem Sendungs-Chef fällt das auf, dann bekommt der Autor den Film am kommenden Tag um die Ohren gehauen. Schuld ist dann nicht der Cutter, wie schon gesagt.

Natürlich hilft in solchen Fällen etwas Übung. Wenn man in dieser Situation sagen kann: »Mach mal bitte +2« und das dann auch tatsächlich stimmt, kann man die Situation sehr schnell retten.

Auch auf dem Dreh nützen Teamgeist, Erfahrung und Fachwissen.

Der Autor sollte immer beim Kameramann bleiben, denn nur dann weiß er, ob alle Bilder im Kasten sind.

Manche Kameraleute machen gerne schnell Feierabend, haben aber das eine oder andere besprochene Bild vergessen zu drehen.

Für Anfänger lauert hier eine Gefahr: Erfahrene und festangestellte Teams sind gerne thematisch vollkommen desinteressiert. Sie haben schon hundert Baumpflanz-aktionen gedreht und den Bundeskanzler hatten sie schon viermal in diesem Jahr … Jetzt kommt da also ein junger frischer Autor und hat ganz feuchte Hände … Das Team hat dann meist soviel Routine und Fairness, dass es alles dreht, auch ohne Ansage, was es immer dreht. Mehr aber nicht!

Alles, was der Autor sich für seine Geschichte gedacht hat und was vom Üblichen abweicht, muss er dringend und ausführlich vor dem Dreh besprechen und muss während des Drehs darauf achten, dass auch alles wie besprochen gedreht wird. Ein Profi-Team wird alle Wünsche des Autors erfüllen, wenn diese im Rahmen des geplanten Einsatzes umsetzbar sind.

Zusätzlich schwierig für junge Autoren sind Kamerateams, die kurz vor der Rente stehen. Da kann der Altersunterschied zur Herausforderung werden.

Aber ich wiederhole: Für Profis gilt es auch als professionell, dass der Autor penibel fordert und kontrolliert.

Auch hier hilft eine Liste der gewünschten Bilder, hingekritzelt auf der Klemmmappe und einzeln abgehakt beim Dreh.

Bevor man sich zum Auto begibt, geht man zusammen mit dem Kameramann noch einmal alles durch.

So banal das klingt, doch wenn der Autor beim Sichten sitzt und erst dann feststellt, dass »seine« Bilder nicht dabei sind, seine Geschichte also nicht funktioniert, dann bleibt nur noch die Hoffnung auf einen milde gestimmten und kreativen CvD.

Schnibis, Storyboard und Ortsbestimmung

Vorsicht dort, wo mit dem Wort »Schnibis« um sich geworfen wird!

Schnibis, so nennt man hin und wieder die Schnittbilder. Mmh. Aber welche? Was benötige ich für Schnittbilder, wenn ich einen gut durchgeplanten Beitrag drehe?

Schnibis sind immer gefährlich, weil sie dazu verführen, auf wild geschnittene Schnibis zu texten. Zum Beispiel: Goldene Traktoren und so …

Ich empfehle, das Wort »Schnibis« aus dem Produktionswortschatz zu streichen; es klingt – ehrlich gesagt – auch irgendwie nicht nach Profifernsehen.

Allerdings erfordert manch ein Bericht tatsächlich die Arbeit mit Schnittbildern. »Ich weiß noch nicht, was ich alles texten muss. Kannst du mir hier bitte noch ein paar Schnitte drehen?!« – das versteht jeder Kameramann.

Gefährlich kann es werden, wenn der Auftraggeber vorschlägt, man könne ja 'mal ein »Storyboard schreiben«. Ehrlich, das passiert vermutlich hundertmal täglich.

Das Gefährliche daran: Sie müssen nun Ihren Auftraggeber korrigieren, ohne dass es für ihn peinlich wird, denn oft sitzen einige seiner Mitarbeiter im selben Meeting. Vielleicht so: »Ich beginne in der Regel mit einem Treatment zu arbeiten und dann erkennen wir recht schnell, wie umfangreich das Storyboard werden muss. Was meinen Sie?«

»Einverstanden.«

Viele Nichtfilmer und viele »professionalisierte Amateure« glauben, dass ein Storyboard die Niederschrift der Story auf einem Board enthält.

Sie meinen eigentlich ein Drehbuch und glauben, dass der Begriff »Storyboard« das englische und damit das viel geilere Wort sei… In Wahrheit aber ist ein Storyboard die gezeichnete Variante des Drehbuchs, also ein »optisches Drehbuch«. Das ist bei der Planung aufwändiger Filme sehr wichtig, doch zunächst benötigen wir ein Treatment, also eine grobe Gliederung des Films, unterteilt in Sequenzen inklusive möglicher O-Töne. Hier werden Bildfolge und Geschichte in Stichpunkten beschrieben; eine A4-Seite in Arial, Schriftgröße 10, sollte für einen 3- bis 5-Minüter ausreichen.

Die »Ortsbestimmung« stammt aus der Zeit, als man glaubte, eine Totale als erstes Bild sei sinnvoll.

Doch: Wie viel Nutzen hat das Einschwenken von der Straße zum Hochhaus, wenn ca. 99,8 Prozent der Zuschauer weder die Straße noch das Hochhaus kennen? Für die Zuschauer bleibt es ein Schwenk mit einem Hochhaus und einer Straße.

Der Film sollte sich auf die Geschichte konzentrieren. Höchstens bei besonderen Motiven kann man tatsächlich mal den Ort zeigen. Ein besonders schönes Schloss kann ein solches Motiv sein.

Ansonsten reicht es fast immer, wenn man den Ort irgendwo im Text verbaut.

Statt einer Totalen als »Ortsbestimmung« sollte am Beginn eines kurzen Filmes ein starkes Bild stehen. Das muss nicht eine Nahaufnahme sein, auch ein Postkartenmotiv kann funktionieren. Wichtig: Es muss direkt in die Geschichte des Beitrages führen (Sollten Straße und Hochhaus die Hauptpersonen des Filmes sein, dann dürfen sie natürlich als erstes Bild stehen).

Gerne wird pseudobetroffen getextet: »In diesem Haus geschah das Unglaubliche ...« – Ehrlich, das geht spannender!

Das stärkste Bild zuerst

Ein kurzer Film über die Sprengung des alten Schornsteins fängt an mit … der Sprengung. Also mit dem Ende?

Nein, mit dem stärksten Bild!

Wenn der Schornstein bildstark gesprengt ist, erst dann interessiert sich unser Zuschauer vielleicht dafür, wie es dazu kam.

Fängt der Film mit dem Einstecken des Dynamits in gebohrte Löcher an, geht es im Beitrag offenbar um das Einstecken von Dynamit oder Bockwürstchen, das sieht man am Anfang ja nicht so genau …

Natürlich funktioniert das nicht bei jeder Geschichte und doch ist es ein gutes Mittel, um den Zuschauer zu interessieren.

In einem Spielfilm funktioniert das oft anders. Der weiße Hai kommt nicht am Anfang. Aber ein Spielfilm hat viel mehr Möglichkeiten als wir mit einem kurzen Fernsehbeitrag im Magazin. Hier muss man sich immer wieder klar machen, dass das Magazinfilmchen eben kein Hollywood-Theater ist, auch wenn man es gerne so hätte.

Mir ist mal ein wunderbarer Beitrag um die Ohren geflogen, den ich mit 3 Handlungssträngen versehen hatte.

In 6 Minuten Sendelänge.

Das war etwas viel und nicht gut durchdacht. Vierzehn Tage Arbeit für eine vernichtende Kritik.

Ich wollte Hollywood für Arme mit Einführung, Erzähler, Rückblende in die Vergangenheit und Tränen und so weiter. Dabei hätte ich einfach nur ein starkes Bild am Anfang gebraucht, dessen Entstehung dann in 6 Minuten gezeigt wird.

Das erste Bild sollte mit der Herausforderung zu tun haben, manchmal kann es sogar die Herausforderung im Bild sein: Menschen beim Vermessen der 23 Zentimeter und dann beim Einstellen des Pfluges…

Der gesprengte Schornstein ist natürlich nicht die Herausforderung im Film, aber immerhin ein starkes Bild, das direkt mit der Herausforderung zu tun hat.

Wer kontrolliert die Geschichte?

Man sitzt nun also im Schnitt und muss den Film auch noch selbst schneiden. Das Material ist planmäßig gedreht, komplett gesichtet; alle O-Töne hauen hin, das erste und das letzte Bild sind passend.

Doch: Funktioniert die Geschichte?

Es ist sinnvoll, sich nun den Bild-Plan zu nehmen und dazu einen Off-Text-Entwurf kurz in Stichworten zu skizzieren. Passt alles? Wird das Ergebnis dem Plan entsprechen oder muss korrigiert werden?

Wenn das geklärt ist, kann geschnitten werden.

Verwenden Sie Musik, dann legen Sie zuerst die Musik an und schneiden darauf das Bild. Nur so kann sich die Stimmung der Musik auf den Schnitt auswirken. Wenn das nicht gewünscht ist, dann stellt sich die Frage: Warum überhaupt Musik?

Machen Sie häufig Pausen! Schauen Sie noch mal und noch mal von vorn, was Sie geschnitten haben; schauen oder lesen Sie zwischendurch was anderes, Nachrichten, ein Buch; je öfter Sie mit anderen Augen auf den Schnitt schauen, um so eher fallen Ihnen Fehler auf.

Ist der Schnitt so weit fertig, lassen Sie jemanden darauf schauen, der nicht im Stoff steht und lassen ihn sagen, was er soeben gesehen hat. Hat dieser Zuschauer die Geschichte im Groben erkannt, dann können Sie davon ausgehen, dass der Film funktioniert.

Das ist sehr wichtig und erst dann kann der Text so gebaut werden, wie früher schon angedeutet: Er liefert zusätzliche Informationen, Zahlen, Daten; er ordnet ein, lenkt die Wahrnehmung und arbeitet auf die O-Töne hin, damit diese inhaltlich sofort verstanden werden können.

Optimal ist es aber, wenn der Schnitt von einem Cutter durchgeführt wird, der bislang nicht im Stoff steht. Dem fallen recht schnell logische Fehler auf und der ist meist auch rigoros mit dem Weglassen von unnützem Material, von dem sich der Autor, wenn er selbst schneidet, vielleicht nicht trennen würde. Auf diese Weise werden möglicherweise ganze Szenen, ganze Sequenzen überflüssig. Egal, wie gut man geplant und wie gut alles beim Dreh funktioniert hat, erst wenn man die Bildfolge auf dem Monitor sieht, kann man mit Sicherheit sagen, wie sie funktioniert und wie viele Bilder man dafür tatsächlich benötigt.

Deshalb hat ein unbeteiligter Profi die beste »Draufsicht« und kann am sichersten sagen, welche Sequenzen nun überflüssig sind.

Das ist manchmal schade, wenn es Bilder sind, die mit enormem Aufwand oder sogar unter Gefahr gedreht worden sind. Aber wenn sie die Handlung und den Fluss behindern, dann müssen sie draußen bleiben.

Das kann ja jeder sagen!

Die Sache mit der Abnahme ist so eine Sache.

Hat man es mit Profis zu tun, dann macht eine Abnahme wirklich Spaß, denn dann sitzen in der Regel Leute zusammen, die ein echtes Interesse daran haben, dass der Film möglichst spannend wird – also Kollegen, die auch die Mechanismen eines Filmes kennen.

Es herrscht eine positiv-kreative Stimmung.

Da kann es schon mal sein, dass man noch mal umschneiden muss oder der Text über den Haufen geworfen wird. Hauptsache, am Ende wird's ein schönes Filmchen.

Und am Ende ist wer schuld?

Jawoll!

Genau deshalb darf ein Profi gerne viel kritisieren, um den Film zu verbessern.

Im TV-Geschäft sind Abnahmen durch Filmprofis glücklicherweise die Regel. Bei Imagefilm-Produktionen nicht. An dieser Stelle kann es sehr gefährlich werden. Was, wenn die Abnahme von einem missgünstigen Vorgesetzten oder einem rechthaberischen Auftraggeber durchgeführt wird? Wenn es dann heißt: »Ähm, nö. Das gefällt mir irgendwie nicht. Ich weiß auch nicht. Mmmh.«

Dann wird es in der Regel wirklich kompliziert. In solchen Momenten schafft das Argumentieren mit Fachwissen nur neue Feinde.

Hier muss man sich entscheiden: Lässt man es über sich ergehen und tut, wie einem geheißen oder kämpft man den Kampf?

Das hängt immer von der eigenen Situation ab.

Wenn man es über sich ergehen lässt und man sieht, dass der Film schlechter wird, dann sollte man zusehen, dass der eigene Name öffentlich nicht im Zusammenhang mit dem Film genannt wird. Wichtig ist außerdem, sich dann nach allen Seiten schriftlich abzusichern, damit jedem, der irgendwie in die Produktion involviert ist, klar wird, warum der Film so geworden ist, wie er geworden ist. Dann bleibt wenigstens der eigene Name sauber und es besteht eine Restchance auf einen neuen Auftrag.

Derartige Probleme kann man nur im Vorfeld ausräumen:

Bewerben Sie sich um eine Ausschreibung mit einem fertigen Treatment oder einer gut argumentierten dramaturgischen Idee.

Kauft der Auftraggeber das Treatment, dann lassen Sie es sich schon mal bezahlen und schreiben in den Auftrag, dass Sie in Ihrer Gestaltung nur an die Festlegungen im Treatment gebunden sind.

Ein manchmal wichtiger Zusatz im Auftrag lautet: »Dem Auftraggeber sind Art und Weise der Filmgestaltung des Auftragnehmers bekannt.«

Am sinnvollsten ist es, sich jeden Produktionsschritt einzeln abnehmen und bezahlen zu lassen, ähnlich wie auf dem Bau.

Wie viele Schritte das sind, hängt von der Art des Films ab, aber meist lässt die Produktion sich mindestens in Idee/Treatment, Dreh/Schnitt und Text/Endfertigung unterteilen.

So können Sie z.B. dann aussteigen (oder auch rausfliegen), nachdem der Film zwar schon – wie vereinbart – gedreht und geschnitten ist, Sie sich aber mit dem Auftraggeber nicht über den Text einigen können.

Dann bekommen Sie wenigstens bis hierhin ihr Geld. Wichtig dabei ist, von Produktionsbeginn an in Abstimmung mit dem Auftraggeber zu handeln und ihn in die Vorbereitung jedes Produktionsschrittes einzubinden und die wichtigsten Eckpunkte schriftlich(!) zu fixieren.

Denn die Fallstricke werden dicker, je mehr es um die eigene Karriere oder aber je mehr es ums Geld geht.

Ich empfehle jedem, dem sein Nervenkostüm wichtig ist, eine gewisse Qualitäts-Toleranz zu entwickeln.

Denn auch der beste Filmemacher produziert hin und wieder Murks. Das bleibt nicht aus; für ein immergleiches hohes Niveau ist dieses Medium einfach von zu vielen Faktoren abhängig.

Ein Film ist in aller Regel eine kollektive Leistung und die Qualität des Films wird also mitbestimmt vom gesamten Kollektiv.

Der Produktionserfolg kann nur dann optimal sein, wenn Realisator oder Regisseur und sein Team eine Sprache sprechen und alle gemeinsam an einem guten Produkt schrauben. Dieser Luxus aber ist für die meisten Filmemacher nicht alltäglich.

Hinzu kommt, dass jeder Autor, der Lust am Experimentieren hat, gern auch mal ein Experiment vergeigt. Dafür sind Experimente da. Und in Zeiten von scheinbar ewig haltbaren Internetvideosites bleibt die eine oder andere Peinlichkeit schon mal im Netz ... Manch einer findet es lustig, ein anderer eben nicht.

Na und?

Wie aus einem Anlass ein Film entsteht

Jeder spannende Film enthält die gleichen Bestandteile, mal mehr, mal weniger ausgeprägt. Immer aber sollte man versuchen, alle Bestandteile zu recherchieren und folgende mindestens zu besetzen:

Anlass, Thema, Hauptperson, Geschichte, Herausforderung, Entwicklung.

Um es besonders spannend oder emotional werden zu lassen, sollten wir auch den Antagonisten und möglicherweise auch Nebenfiguren besetzen.

Es gelingt allerdings nicht immer, eine deutliche Entwicklung im Film herauszuarbeiten und manchmal ist die Herausforderung nicht auf eine Sache zu reduzieren, oder sie ist im Bild nicht besonders spannend; und manchmal sind die vorhandenen Nebenfiguren interessanter als ein an den Haaren herbeigezogener Antagonist...

Ein immer geltendes Schema, eine Art Checkliste zur Recherche und zum Filmaufbau halte ich für falsch. Die Anlässe, die Themen, die Hauptpersonen, die Geschichten sind einfach zu unterschiedlich. Und mit genau diesen Unterschieden sollte ein schöner Film auch arbeiten.

Meist beginnt die Recherche zu einem Film mit einem Anlass. Dieser Anlass soll genau daraufhin untersucht werden, welches Thema darüber schwebt und welche Geschichte darin steckt, denn der Anlass selbst ist möglicherweise nur eine Nachricht, aber in aller Regel kein Film.

Anlässe sind z.B.: Pressekonferenzen, Einweihungen, Eröffnungen, Schließungen, Ehrungen, Schlüsselübergaben, Scheckübergaben, Ernennungen usw.

Die Presseabteilungen vieler Unternehmen und Behörden haben sich darauf eingeschossen, Pressemitteilungen zu diversen Anlässen herauszugeben, anstatt Geschichten zu vermitteln. Von der Lokalpresse und dem Lokalfunk werden diese Anlässe gerne genutzt, da sie als Meldung oder Nachricht ja durchaus funktionieren.

Für Film und Fernsehen ist die Sache schwieriger, zumindest, wenn man ein Interesse daran hat, seine Zuschauer nicht zu langweilen. (Wenn z.B. das Programm des Senders oder der Website daraus besteht, dass ständig irgendwas übergeben wird, irgendwelche Abgeordneten 'rumsitzen und diskutieren und zur Abwechslung vielleicht mal ein Baum gepflanzt wird…, dann darf man den Betreibern gerne empfehlen, doch lieber eine Zeitung herauszugeben.)

Für den Film brauchen wir bewegte Bilder, also Bildergeschichten, Geschichten, die sich im Bild erzählen lassen, in denen es also eine Entwicklung gibt.

Oft stecken hinter den üblichen Anlässen sehr interessante Geschichten; manch eine Zeitungsmeldung gar liefert wunderbaren Stoff, ohne das zu wollen.

Ich las einen Artikel über eine Gasthausbrauerei. Im Text hieß es, dass sich die Eröffnung der Gaststätte hinzieht, da die Bauarbeiten sehr aufwändig seien und nicht schnell genug voran gingen. Aber das Bier war schon angesetzt. Die Zeitungsmeldung wollte sagen: Hilfe, wir produzieren schon!

Ich fand spannend: Wenn das Bier angesetzt war, dann musste ja im halb fertigen Brauhaus schon jemand brauen und irgendwer musste das Bier ja auch kaufen.

Ein Anruf beim Eigentümer ergab eine völlig neue Situation: Das Bier sei sogar schon ausverkauft! Er plane nun, bereits vor der eigentlichen Gasthauseröffnung die Brauerei zu erweitern, da schon jetzt die Produktion dem Bedarf nicht gerecht wurde.

Ich fragte mich, warum der Zeitungsschreiber diesen so interessanten Aspekt ausgelassen hatte, denn das machte aus der peinlichen Hilfe!Hilfe!-Meldung plötzlich eine kuriose und sehr gut erzählbare regionale Wirtschafts-Erfolgs-Geschichte.

Nach kurzer intensiver Recherche hatten wir also:

Ein halb fertiges Gasthaus mit einer bereits laufenden, ausverkauften Produktion; oder dramatisch: Das Gasthaus ist noch gar nicht fertig, da wird schon angebaut!

Wir hatten also, was wir brauchten:

Anlass: Eröffnung, verschiebt sich
Thema: Bier brauen, traditionell
Hauptperson: Braumeister
Geschichte: ein Tag mit dem Braumeister
Herausforderung: Bier brauen, viel
Antagonist: Kunde
Nebenperson: Eigentümer
Aussage: Das Gasthaus ist noch gar nicht fertig, da wird schon angebaut

Hinter jeder Nachricht steckt eine Geschichte. Sie muss nur ausgepackt und dann auf ihre Filmtauglichkeit geprüft werden.

Wer regelmäßig mit den gleichen Presseleuten zu tun hat, der sollte die Kollegen dafür sensibilisieren, dass ein Film oft VOR dem Anlass entstehen muss.

Die Einweihung einer Statue ist sicher eine Meldung wert. Die Statue selbst aber könnte mindestens zwei Filme ergeben. Entweder: Ein Portrait des Künstlers, der die Statue anfertigt. Das ist aber nur sinnvoll, wenn die Statue während des Drehs noch im Atelier steht und der Künstler daran arbeitet. Dann nämlich könnte man dem beschaulichen Portrait etwas Spannung geben.

Oder: Man dreht eine Reportage darüber, wie die Statue aus der Werkstatt zum Platz der Aufstellung kommt. Dazu könnte vielleicht noch ein weiterer Film gebastelt werden, mit dem gezeigt wird, welchen geschichtlichen Hintergrund es zur Statue gibt; wer ist das, der dort verewigt werden soll?

Die Einweihung selbst kann dann am Anfang oder am Ende des Films stehen, wenn überhaupt… Letzteres alleine wäre lediglich eine NiF.

Faustregel: Wenn es eine Hauptperson mit einer Entwicklung gibt, dann kann es in aller Regel auch ein spannender Film werden.

Hauptperson wider Willen

Die größte Schwierigkeit besteht meines Erachtens in der Gewichtung der notwendigen Bestandteile eines Films. Eine erzählbare Geschichte muß nicht zwingend an eine menschliche Hauptperson gebunden sein und doch wird das gerne der Einfachheit halber praktiziert. In fast jeder Geschichte läßt sich irgendwo ein Protagonist mit einer Herausforderung finden. Redaktion und Autorenteam gehen einen stillen Vertrag ein: Wer eine menschliche Hauptperson bringt, der bekommt den Job. So entstehen dann Filme, die niemand braucht: Der Bericht über das große Konzert des Rentnerchores mutiert zur Reportage über einen ehemaligen Polizisten, der am Tag des Auftritts zum Bühnenmanager wird und hier ganz »spannende« Dinge erlebt; aus dem Beitrag über den Fortschritt der Bauarbeiten an einer Eisenbahnbrücke wird eine Reportage über die »Schwierigkeiten« die der Bauleiter an diesem Morgen durchleben muss.

Solche Geschichten können funktionieren, tun es aber oft nicht, vor allem dann, wenn die Hauptpersonen »nicht tragen«. Sie kommen zur Hauptrolle wie die Jungfrau zum Kind und sind in aller Regel überfordert. Sie sagen dann Dinge wie »Ich soll was dazu sagen?« oder »Aber das ist doch nichts Besonderes!« – und das Team muß Schwerstarbeit leisten, um diesen Protagonisten brauchbare O-Töne zu entlocken. So führen starre Erzählvorgaben auf den falschen Weg. Etwas mehr Zeit und Feingefühl für die Recherche und schon findet man oft eine viel bessere Lösung.

Hierbei leistet der »Erzählsatz« von Gregor Alexander Heussen sehr gute Dienste.

Die amateurisierte Branche

Die Videobranche befindet sich derzeit in einer Amateurisierungswelle. Jeder kann sich recht preisgünstig eine Kamera und ein Schnittsystem zulegen und dann auf seine Website schreiben: »Professionelle Videoproduktion«.

Ich bin sicher, wenn man Operationssäle ebenso günstig kaufen könnte, dann gäbe es auch in dieser Branche ein Problem.

Hinzu kommt das Phänomen, dass viele Menschen glauben, weil sie Fernsehen sehen können, könnten sie auch Fernsehen machen. Dass das in Wahrheit nicht klappt, wird täglich von sehr vielen Lokal-TV-Stationen bewiesen.

Ich selbst habe verschiedene Vorgesetzte erlebt, die zwar keinen Schimmer vom Film hatten, aber diesen Bereich im Unternehmen managen sollten. Wenn aber Inkompetenz auf Fachwissen trifft, dann kann es schnell gefährlich werden.

Insbesondere Auftraggeber aus der Industrie sind mit Vorsicht zu genießen. Ich habe es selten erlebt, dass der Auftraggeber gesagt hat: »Sie sind der Profi, machen Sie mal!«, und dann ohne große Diskussion einen Etat zur Verfügung gestellt hat, mit dem ein ordentliches Ergebnis machbar war. In aller Regel wollen die Auftraggeber ganz wenig bezahlen, dafür aber ganz großes Kino erhalten.

Ich schreibe das nicht aus Frust, sondern weil ich alle engagierten Filmemacher warnen möchte!

Wenn der Auftraggeber Kinobilder haben will, dann muss man ihm klar machen, was das in der Produktion und im Budget bedeutet.

Und als engagierter Alleskönner ist man leider geneigt, es auch mit geringen Mitteln zu versuchen. Allerdings wird das nie gedankt. Nie! Glauben Sie mir!

Wenn es hinterher nicht gut aussieht, dann ist wer schuld? Eben!

Hinterher fragt nämlich niemand mehr, WIE »das überhaupt« zustande gekommen ist.

Da wird nur gefragt: »Wer hat das denn gemacht?«

Und niemand aus dem Kreise derer, die Sie zu dem Pfusch überredet haben, setzt sich dann die Mütze auf.

Deshalb: Finger weg!

Verzichten Sie auf solche Aufträge! Sie sind meist schlecht bezahlt, machen die meiste Arbeit und bringen am Ende nur Minuspunkte!

Tatsächlich ist es fast immer so, dass diejenigen, die am wenigsten bezahlen, am Ende die höchsten Erwartungen haben und die meisten Korrekturen fordern.

Noch 'was:
10 Gebote für professionelles Drehen

Da ich immer wieder mit Drehmaterial von Amateuren und insbesondere von Amateuren, die sich für Profis hielten (meist sogar »professionalisierten Amateuren«) arbeiten durfte, habe ich vor Jahren einmal die 10 Gebote für professionelles Drehen niedergeschrieben. Sie beziehen sich auf technische Anforderungen für den Kameramann, damit Autor und Cutter im Schnitt mit dem Material maximale Freude haben.

1. Jedes Bild 10 Sekunden
Jedes stehende Bild soll 10 Sekunden gedreht werden.

Begründung: Starten und Stoppen der Aufnahme kann Störbewegung enthalten.

Der Cutter will vielleicht vorn und hinten blenden, dafür braucht er vorn und hinten ungefähr 3 Sekunden »Blendenfutter«.

Handelt es sich um eine Totale, muss sie nachher im Film in der Regel zwischen 4 und 6 Sekunden ohne Blende stehen können.

2. Der letzte Versuch soll der beste sein
Jeder Schwenk, jede Fahrt, jeder Zoom wird vor dem Drehen probiert. Dann wird gedreht, möglicherweise mehrmals. Der letzte gedrehte Versuch sollte der beste sein.

Begründung: Wenn es im Schnitt schnell gehen muss, wird ein erfahrener Cutter immer zuerst den letzten gedrehten

Versuch anschauen, denn: Erst wenn der Dreh perfekt ist, hört der Kameramann mit dem Drehen auf.

3. Bewegung in beide Richtungen
Schwenk, Fahrt, Zoom: Wenn Bildausschnitte und Bewegungsgeschwindigkeit nach dem Probieren stimmen, wird gedreht. Das Anfangsbild steht 10 Sekunden, dann folgt die Bewegung, ca. 10 bis 15 Sekunden und dann steht das Endbild ebenfalls 10 Sekunden. Danach wird die komplette Bewegung in die andere Richtung gedreht.

Begründung: Beim Dreh ist meist nicht klar, welche Richtung später im Schnitt benötigt wird. Und möglicherweise will der Autor auch nur eines der stehenden Bilder verwenden.

Wird eine Fahrt verwendet, benötigt der Cutter in den meisten Fällen als erstes und letztes Bild einen stehenden Frame, ein Standbild.

4. Stehen Sie zu Ihrem Bild
Wenn der Kameramann bemerkt, dass der Bildausschnitt, den er gerade dreht, doch nicht ganz »richtig« ist, der Auslöser aber schon gedrückt ist, dann dreht er dieses »falsche« Bild trotzdem zu Ende. Dann kann er noch mal neu anlegen und das »richtige« Bild drehen.

Begründung: Möglicherweise passt das vermeintlich falsche Bild perfekt in den Beitrag. Und wenn der Auslöser sowieso schon betätigt ist … Was soll's. Denn ansonsten könnte es Frust am Schnittplatz geben, wenn das »falsche« Bild für passend empfunden wird und dann aber nicht verwendet werden kann, weil es zu kurz steht.

5. Portraits geschlechtsspezifisch drehen

Portraits (Nah, Halbnah): Männer werden untersichtig und Frauen obersichtig gedreht.

Begründung: Wahrnehmungspsychologie.

Ein auf Frauen sympathisch wirkender Mann ist prinzipiell größer als die Frau und eine auf Männer sympathisch wirkende Frau ist prinzipiell kleiner als der Mann.

Abweichungen von diesem Prinzip sind entweder Unkenntnis oder gestalterische Absicht (Bei Reportagen oder Reportereinsätzen passiert dieser Fehler tatsächlich oft, weil es einfach schnell gehen muss).

6. Ein Stativ steht von allein

Arbeiten mit Stativ, stehendes Bild: Während die Kamera läuft – Finger weg vom Stativ!

Beim Dreh auf Holzfußboden und mit langer Brennweite: Vor dem Auslösen jede Bewegung stoppen und Luft anhalten! Alle!

Begründung: Das Stativ ist dafür da, dass das Bild nicht wackelt oder zittert. Das funktioniert aber nur, wenn man das Stativ Stativ sein lässt und es nicht »festhält« – und je länger die Brennweite und je wackeliger der Fußboden, desto höher die Zittergefahr.

7. Die Bremse ist auch zum Anfahren da

Arbeiten mit Stativ, Schwenks: Der Kopf soll so eingestellt sein, dass er nicht leicht, aber ohne Anstrengung, beweglich ist.

Beginn und Ende des Schwenks werden weich und geschmeidig, wenn sie nicht vorrangig mit dem Hebelarm, sondern quasi mit dem Lösen der Bremse gestartet und mit dem Festziehen der Bremse gestoppt werden.

Zuerst also Druck auf den Hebel, dann erst Bremse lösen!

Begründung: So wird das Anfahren und Bremsen »butterweich« – gerade langsame Schwenks profitieren davon enorm.

Anmerkung: Das sollte dringend geübt werden, denn das geht nur mit Übung und – ganz wichtig – nur mit einem hochwertigen Videostativ, das auf das Kameragewicht abgestimmt ist.

Gute Ergebnisse erzielt man tatsächlich nur mit neuen oder mit gut gewarteten Stativen der oberen Preisklasse.

8. Alle Kameras im Gleichschritt Marsch!

Drehen mit mehreren Kameras: Drehen zwei oder mehr Kameras das gleiche Objekt, dann sollten in der Regel alle Kameras das gleiche Weiß und die gleiche Blende verwenden. Achten Sie darauf, dass es sich um baugleiche Kameras desselben Herstellers handelt!

Begründung: So passt das Drehmaterial ohne Nachbearbeitung in Farbe, Kontrast und Helligkeit zusammen.

Tipp: Verwenden Sie Kameras verschiedener Hersteller, probieren Sie am besten vor dem Dreh aus, ob die Kameras dieselben Farben bringen. Manchmal gibt es deutliche Unterschiede.

9. Belichtung messen ist keine Schande

In den heutigen Kameras sind hochwertige Belichtungsmesser verbaut, deren Ergebnisse der Kameramann ziemlich ernst nehmen kann.

Also Grundeinstellung: Blende manuell. Vor dem Drehen kurz die Automatik betätigen, um die Blende zu kontrollieren und um sie möglicherweise zu korrigieren.

Bei laufendem Bild sollte die Automatik ausgeschaltet sein.

Begründung: Wer auf die Belichtungsautomatik bei laufendem Bild vertraut, der wird hinterher viele Bilder wegwerfen müssen, da die Blende »pumpt«, wenn z.B. durch ein normal belichtetes Bild ein weißes Auto fährt oder jemand mit einem schwarzen Anzug im Vordergrund durchs Bild huscht.

10. NiF Rohmaterial: Fasse dich kurz

Wer 15 Minuten Rohmaterial für eine normale NiF abliefert, der nervt. 5 Minuten sollten im Regelfalle ausreichen.

Begründung: Aufgabe des Kameramanns ist es auch, die zu drehende Situation einzuschätzen und ausschließlich die für die Nachricht notwendigen Bilder zu drehen.

Das Auflösen einer Situation sollte für jeden Kameramann zum Grundwissen gehören.

Und sonst so

Wer sich als Autor tatsächlich ernsthaft und tiefgreifend mit dem Thema »Filmgestaltung« auseinandersetzen will, dem bietet sich eine Menge guter und ausführlicher Literatur. Es hilft auch, die persönlichen Lieblingsfilme genau zu sezieren. Sequenz für Sequenz!

Es gibt eine Reihe interessanter Gestaltungs-Theorien, die auch praxiserprobt sind. Ich wurde von Richard Groschopp inspiriert, aber das Herunterbrechen der »großen Dramaturgie« auf den Magazinbeitrag hat Gregor Alexander Heussen sehr schön ausformuliert. Spuren von Groschopps und auch Heussens Geist wandeln durch dieses Büchlein.

Wer ernsthaft weiter in die Materie steigen will, dem seien mindestens die genannten Autoren empfohlen, speziell für den journalistischen Film aber auch Peter Kerstan.

Soweit erstmal.

Und ja, es gibt 1. immer auch Ausnahmen und 2. viele Wege, die nach Rom führen. Und machen Sie sich nichts daraus, wenn ein Film mal nicht so gelingt, wie gewünscht. Das passiert immer wieder und ist nicht zu verhindern, solange das eigene Überleben von der Annahme auch ungeliebter Aufträge abhängig ist; oder wenn der Sendetermin steht und es keinen Verzug geben darf.

Wichtig ist nur, dass Sie wenigstens im Nachhinein erkennen, was schief gelaufen ist und was Sie beim nächsten Mal anders machen sollten. Dafür soll dieses Handbuch eine nützliche Hilfe sein.

Viel Spaß bei der Filmerei,
 Ihr Falk Schettler